마음의 나침반

곽 병 수 詩集

마음의 나침반

인 쇄: 초판인쇄 2013년 12월 20일
인 쇄: 초판인쇄 2014년 01월 20일
지은이: 곽병수
펴낸이: 윤기영
편 집: 정설연
펴낸곳: 노트북
등 록: 제 305-2012-000048호
본 사: 서울시 동대문구 사가정로 256-4호 나동 B101호
전 화: 070-8887-8233 팩시밀리 02-844-5756
이메일: hdpoem55@hanmail.net

정 가: 10.000원
ISBN: 978-89-92687-44-7-03810

한국 현대시[韓國 現代詩]

811.7-KDC5
895.715-DDC21 CIP2013024529

곽병수 詩集

마음의 나침반

차례

제1부

제2부

제3부

제4부

1부

마음의 대화

만남을 통해 누리는 소박한 기쁨은
스스로 둥지를 틀고 열매를 맺는다.

『마음의 대화』 중에서.

꿈을 가진 사람

꿈을 가진 사람은
삶의 벼랑 끝에서도
사는 법을 잊지 않는다

다급해 졌을 때 만난 꿈은
상처 치유와 의욕상실에
어떤 처방보다
강력한 효과를 발휘하지

최선의 노력은
좋은 작품을 남길 수 있지만
즐기면서 자신의 능력을
최대한 발휘하는 사람은
위대한 예술을 남길 수 있지

신은 모든 이에게 기회를 주지만
둥지까지 던져주지는 않지
준비하며 꿈을 꿀 때가
가장 빛나는 순간이 아닐까.

마음의 대화

늘 시간에 쫓기는 사람들
자신에 시간을 내어
상대와 마음을 나누는
순간을 만들어 보라

만남을 통해
누리는 소박한 기쁨은
스스로 둥지를 틀고
열매를 맺는다

주고받는 마음이
서로를 행복하게 하고
즐거운 상념에 빠질 때면
바쁜 생각도 잊게 되지

내게도 상대에게도
모두에게 건강하게 할
즐거운 시간을 마련해주고
치유의 힘을 발휘하는 것이야.

감동의 시

잊을 수 없는 감동의 시
시를 읽고 나면 어느 정도는
마음이 움직인다고 생각해 본다

읽기 전과는 달라진 나
궁극적으로 감수성의 개발이고
그렇지 않으면 시가 아니지

해석은 독자의 몫이고 자유지만
시를 읽은 뒤 신체나 마음 적
변화의 증상이 있었으면 좋겠다

그러니까 시이고
시는 한 권의 책을 줄인 것이니
감수성의 덩어리가 아닐까.

감성과 향기

첫닭의 울음소리에
하루생활을 생각하며 가슴 쪼이듯
한 치의 망설임 없이 울어대는 첫닭처럼
시구들이 품어 내는 강한 이미지

럭비공처럼 어디로 튈지 모르는
시의 아리송한 내용물들
원시적으로 요동치는 환상의 나래
두껍고 짙은 아름다운 감성력

항상 우리의 일상을 뛰어넘는
감성과 향기로움이 있기에
시는 우리의 삶을 살찌게 하고
더 풍요롭게 하는 원동력이 아닐까.

성공한 사람

스스로 행복하면 성공한 사람
모든 인간은 갈대와 같이
흔들리며 미약하기만 하다

범죄를 저지르는 사람도
힘들어 삶을 포기하고
자살하는 사람도 약하기 때문

거친 세상 풍파를 견디지 못할 때
시를 읽고 생각하는 갈대 되어
한사람이라도 용기를 얻을 수 있다면
나는 더 이상 바람이 없노라

인생의 기회는 살아남는 자들의 것
성공도 행복도 오래 남는 자들의 몫
이를 악물고 오래 버티어보라
기회는 반드시 남는 자에게 오는 것이니.

슬픔과 기쁨

인생이여
슬프고 고독하다고 좌절 말라
괜찮다
지금 이 순간이 지나면
따뜻한 봄은 또 오니까

피고 지는 꽃처럼
인생 또한 그러한 것이니
지금 슬픔의 터널을 지나면
반드시 기쁜 날이 오리니

지금의 슬픔은
아름다워서 슬픈 것이니
인생은 동일 선상에서 보면
슬픔과 기쁨은 같은 것 이래

아름다워서 슬프고
슬퍼서 아름다운 것이야
허망한 순간은 찰나로 지나가고
봄은 또 올 것이고
다시 올봄은 더 아름다울 테니까.

아름다운 것

모든 것은
끝이 아름다워야
진정 아름다운 법이지

꽃씨를 남기며
생生을 마감하는
한 송이 들꽃처럼

두근거리는 가슴으로
무언가를 기다리듯
대문 활짝 열어놓고

날마다 자식을 위해
염원하시다 돌아가신
우리 어머니처럼.

얼룩진 삶

양심과 욕심사이
어려운 선택의 갈등
그렇지 그까짓 욕심쯤이야
스스로 버려야 하겠지

당신이라면 뭐가 있을 듯한
하여, 어릴 적 그전부터의
욕망에 찬 친구 다 불러 모아
세상 한 귀퉁이에 둥지 틀고

우리는 예의와 양심을 버리고
욕망을 위해 살아왔지만
이뤄진 건 아무것도 없노라고
때 늦은 후회와 반성도 해보았지

지금껏 지나온 세월의 무게만큼
무상함에 지치고 얼룩진 삶속엔
우리네 인생사 거기가 거기지만
또 다른 뭔가 있을 누군가를 기다리며
다시 난 방황의 마음속 서성이고 있겠지.

영혼의 외침

상처 입은 영혼들의 외침
그대는 그 소리를 들어 보았는가
삶의 허무와 무가치하다는 소리를
매사에 부정적이고
감동을 못 느끼며 불안해하는 사람

한쪽 구석 숨어서 멍한 눈빛으로
허공을 바라보며 한숨만 쉬는 사람
극도로 우울해하며
죽음에 이야기를 자주하는 사람

마지막으로 그동안 고마웠다고
잘 지내거라 등의 표현을 하는
그런 사람들이 주위에 있다면
그것이 바로 깊은 상처를 입은
영혼의 외침이라 할 수 있느니

보통사람 대하듯 하지 말고
좀 더 가까이 다가가
그의 상처를 살며시 보듬고
또닥거리며 똑같이 아파해 주라
그것이 그를 구할 수 있는 길일 것이니.

우리들 인생

내 고향 뒷동산
앞 냇물 뒷동산 등에 지고
꿈 많은 가슴 안고 태어난 우리들

소꿉친구들
고무신짝 재보지 않아도 될 쯤
내 고향 뒤로 두고 하나둘씩
푸른 꿈 찾아 객지로 돌고 돌아

거미줄처럼 얽히고 얽혀
창살 없는 감옥 속에
아옹다옹 살던 우리들 인생

한 마리 연어처럼
결국은 내 고향 뒷동산에
한 떨기 낙엽처럼 빈손으로 떨어져
한 줌의 흙으로 돌아갈 우리들 인생.

인생은 순리대로

인생이란 자연스럽게
달이 구름을 빠져나가듯
자연의 원리대로 은은히

모든 것을 가식하지 말고
이 세상의 원리와 이치
순리대로 받아들이는 것

너도 너라는 사실을
그대로 받아들이고
자연스럽게 모든 걸 해보라

긍지와 용기 자신과 희망을
앞만 보고 굳세게 매진하라
바로 너는 너이니까

아무것도 아닌 것 같지만
이 세상에서 너는 모두이고
가장 소중한 단 하나뿐인 너잖니

준비한 미래

너 정도로 성실하고
꾸준히 노력하면 뭐든 잘 될 거야
분명히 자신감을 가져도 돼
조금 더 기대 걸고 기다려봐

빨리 피는 꽃도 있고
늦게 피는 꽃도 있듯이
너의 계발에 꾸준히 노력하여
항시 깨어 있다면
반드시 아름다운 꽃을 피울 거야

지금은 그때를 기다리는 것
실망하거나 조급해하지 말고
긍정적으로 그때를 기다려봐

준비된 미래는 보장받는 법
기다리던 영광의 그날은
반드시 그대를 찾아올 것이니.

진정한 승리자

인생의 성공에는
엘리베이터가 없다고 한다
한 걸음 한걸음 계단을 땀 흘리며
올라가야만 진정한 승리자인 것이다

행여 엘리베이터를 타고
옥상까지 올라간 사람이 있다면
그 엘리베이터를 내려 보내
다른 사람들을 태워 줘야 한다

그걸 타고 내려오지 않는다면
영원히 옥상에서 갇혀있을 뿐이다
그건 모든 사람들 위에 올라선
출세가 아닌 혼자 고립된 것뿐이다

왜냐고, 내려오지 못하니까
만약 뛰어내린다면 죽음만이 있을 뿐
땀을 흘리며 계단을 걸어 올라가
성공한 사람은 다시 계단을 걸어
내려올 줄도 아는 선택의 여지가 있다.

행복과 불행

불행하다고
불행안한 사람 어딨어
이 세상 사람들은
다 불행한 것이야

굳세게 마음먹고
찰거머리처럼
악착같이 살아봐

인생이란
그런대로 재미있다면
재미있는 세상이잖아

부정적으로만 보지 말고
긍정적으로 멋있게 살아봐
그런대로 재미있는 세상이
그대 앞에 펼쳐질 것이야.

희망의 빛을 향해

죽을 만큼 힘들고
한걸음도 나갈 수 없을 것 같은
좌절을 느껴 본 적 있는가

그런 끔찍한 고통은
이겨내는 것이 아니라
지나가는 것이라네

목표로 가는 길이 힘겹고 지칠 땐
억지로 힘겹게 내딛는 대신
잠시 멈춰 서서 자연스럽게
때가 이르기를 기다려도 괜찮지 않을까

빛이 인도하는 곳으로
향하기만 해도 그 너머에
낙원이 기다리고 있을 것 같은
희망이 우리의 마음을 다독이는 것 같다.

사랑의 선구자

웃음꽃 활짝 피워
항시 마음의 문을 열고
상대와 즐거운 대화들 속에
만인의 귀가 되어주는 당신

아롱진 마음의 눈방울로
사랑을 가득 채워
상대를 어루만져 주고
조용한 침묵을 음미하는 당신

무리져 피지 않고
더불어 지지 않는 무궁화처럼
하나 둘 피우는 조용한 당신
그대는 자상한 사랑의 선구자.

오늘과 내일

오늘이 지나면
내일이 오는
당연한 우주의 섭리

누구에게나
기다리지 않아도
공평하게 오는 것

서두르지 않아도
필히 오기 때문에
인간을 자주
오만무료하게 만들지

미래가 궁금하지 않은 건
현재가 소중하지 않다는 뜻
너 참 안타깝다
오늘의 내가 내일의 나를 만드는데
어제에 그토록 갈망하던 내일인 것을……

인간의 욕망

인간의 욕망은
죄책감을 상실시키고
좌절된 욕망은
분노로 치닫는다

욕망과 권력으로 얽혀
살인자보다 나쁜 사람들
뒤틀린 욕망을 주장하는
인간들의 뻔뻔함에 극치

진짜 나쁜 사람은 누구인가
저마다 정의와 저항이 있는 법
분노와 욕망 때문에
자주 혈압이 오르는 사람들

이들끼리 다시 퍼즐을 맞춰보면
희로애락의 으뜸이 무언지를
서로가 보여줘서 알게 되는 법
좋은 세상 참고 베풀며 살아가시길.

마음의 샘터

영원을 일깨우는
뒹구는 낱말들을 주워 모아
내 마음의 작은 샘을
조심스레 만들어 보았지

땅을 파고
가뭄에는 물을 붓고
부드러운 바람을 불러 넣고
낮게나마 담을 쌓아본 샘터

그 속에 많은 시어들이 있음에도
한동안 샘터에 쪼그리고 앉아
떠보려고 했건만
건지는 건 쉬운 일이 아니었어

달콤 씁쓰레한 시어를 건지기 위해
콩닥거리는 마음의 뜰채를 들고
가보지 못한 큰 바다를 향해
조심스레 나아가 봅니다.

나는 누구인가

나는 내가 누구인지 모른다
자신을 아는 사람이
이 세상 몇이나 되겠느냐

하지만 확실한 건
나는 나를 조금씩
알아가고 있다는 것

나 자신을 안다는 것은
똑똑한 사람 중의 한사람
나는 기필코 나를 찾아내리라

그래서 나는 나를 생각해보고
나의 글을 모아도 보고
여러 사람 앞에 나를 전시해 본다.

따뜻한 꿈

풀뿌리 같은 꿈일지라도
꿈을 가진 사람은
불행이나 고난과 역경에
좌절하지 않는다

자기만의 꿈을
포기할 줄 모르는 열정과 혁신
대충과 타협하지 않는
집요함이 자리하고 있다

괜찮아, 괜찮아
바람이 싸늘하고
내 마음이 쓸쓸해도
따뜻한 꿈이 항시 당신 곁에 있으니.

미움의 극복

상대를 미워하는 것은
그 사람 마음속 안에 있는
나의 일부를 미워하는 것이다

나의 일부가 아니라면
내가 거슬릴 이유가 없다
본인이 그런 부분을 싫어하고
자신이 그런 면에서 멀어지고 싶으니까

타인에 대한 미움을 극복하려면
짜증을 유발하는 상대의 행동이
나의 속성을 비춰주는 것이라 여겨 보렴
상대에게서 내 모습을 발견 하고나면
자신 모습의 서글픔도 느끼게 된다

인간성의 복잡성을 받아 드려야
스스로에 대한 연민을 가질 수 있고
상대에 대한 동정심도 느낄 수 있다.

오늘의 의미

인생을 채우는
당신의 가치와 의미는
어디로 향하고 있나요

존재만으로 가치 있는 생활에
더욱 멋있는 내일을 그려보면서
오늘의 삶에
더 큰 의미를 생각 합니다

운명에 이용당하지 말고
활용하며 당당하게 살아가면서
당신의 의미를 조용히 느껴 보세요

만족에는 한계가 없기에
오늘의 의미를
더 가치 있게 가꾸어 보렵니다.

인내의 입맞춤

젊음이여 기죽지 말라
항시 활달하고 강렬하게
약한 점을 보이지 말고
오랜 법칙은 깰 수 있으니
기존을 활용해 새것을 창조하라

당신은 젊으니까
주춤하지 말고 떳떳하게
끊임없는 도전과 용기로
인내에 입맞춤하라

당신의 멋있는 삶에
구질구질함을 보이지 않고
건강한 활력소를
힘차게 불어넣어 보라

세상을 앞서가는 당신이기에
모든 걸 소유할 자격이 있으니
지나간 어제는 생각지 말고
다가 올 내일을 구상하면서
빛나는 오늘을 약진해 보라

주어진 임무

제 역할을 다하기 위해
끊임없이 노력해 보았는가
지금 이 세상에는 주어진 임무를
제대로 하는 사람이 몇이나 될까

좋은 남편 사랑스러운 아내
믿음직한 아빠 자상스러운 엄마
과연 당신은 그런 사람이 되어 보았는지
곰곰이 생각해보는 순간이기도 하다

자신의 중심과 기준은 없고
남의 기준에 자신을 맞추려
위선하고 양심을 버리는 것
그만큼 괴로운 일은 없을 것이다

진정 중요한 것은
다양한 역할을 수행할 수 있는
자신만의 방식을 만들기 위해
최대한 노력하는 마음가짐이 아닐까

향기로운 인생

지나고 보니 이제야 알겠네
귀인은 다른 사람이 아니고
상대를 즐겁게 해주는 사람

행복은 다른 게 아니고
친구들과 웃고 떠들 수 있는 시간
이야기를 즐겁게 할 수 있으면
행복의 치유 아니겠는가

사람들을 즐겁게 해주는 것은
재미있게 이야기하는 순간
입에서 입으로 나오는 이야기

눈을 감고 침묵 속으로
마음과 마음이 부드러워져
이거, 알기도 쉽지 않구먼
내 인생도 향기롭게 살고 싶어진다네.

현대인의 생활

현대 생활 속에 얽매여
허덕이는 사람들이여
잠시 스마트폰을 꺼두고
자연 속의 먼 하늘을 바라보라

삶의 인연이란
우연 속에서
시작되는 것이 아닐까

저 먼 곳에서
오래된 친구도 볼 수 있고
마음 속 고이 간직한
아름다운 추억들도
만날 수 있을 테이니까.

마음은 청춘

난 이제야 알았다
할아버지가 되고서야
천진난만한 손자에게
배워야 한다는 것을

외로움 속에 묻혀있던
자신에서 스스로 벗어나
즐거운 마음으로
살아야 한다는 것도

몸은 무거워도
가벼운 마음으로
오늘 하루도 즐겁게
내 마음은 언제나 청춘.

넓은 세상

강물이 좁아
저 넓은 바다로 가나

제 세상 이냥
설쳐대는 연어처럼

너도 온 세상
자신감 넘치게 설쳐보렴.

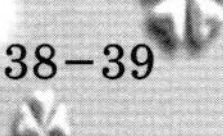

세상은 당신 것

울부짖음이 없다면
무서움도 강렬함도 없다
말하지 않으면 모르는 것처럼

귀를 열어 놓지 않으니
잘 들을 수도 없는 것
스스로 들을 수 없으니
느끼지 못하는 것이
우리에겐 너무너무 많구나

젊은이들이여
요즘 세상은 자기표현시대
마음껏 자랑하고 홍보하여
하늘 높이 실력을 발휘해보라

소침하게 소리도 내어보는
고상함을 구비한 사람
이 세상은 당신의 세상이고
그대의 마음 결정에 따라
전부가 당신의 것이니까.

2부
지혜로운 인생

충만으로 더 근사하게 균형 잡힌 인생
깊은 사색과 통찰
스스로의 고민을 통해 더 깊게 생각해보라.

『지혜로운 인생』 중에서

갈등과 스트레스

갈등과 스트레스를 풀고 싶다면
상대의 욕구보다
내 마음에 집중하라

갈등과 스트레스는
대처하는 나의 태도에 따라
독이 될 수도 득이 될 수도 있지

그것의 지혜로운 관리는
내 마음의 다름과 틀림을
구분하는데서 시작되지

서로의 다름을 인정하되
공통점과 해결책을 찾아
함께 만들어 가야 하는 것

다름은 있어도 틀림은 없으니
그것을 선택하는 것도
결국 재치있는 당신의 몫이 아닐까.

아버지와 자식

아버지들의 슬픔은
대체로 무뚝뚝하고
아들은 아버지를 먹고 자란다

아들의 꿈 뒷바라지 위해
자신을 희생하는 보통 아버지
아버지는 늘 불안하고 초조하다

남들처럼 평범한 사이에서
아버지는 자식에게 진다
아니, 져준다

아들이 품은 간절한 희망을
앞날의 아주 작은 가능성이라도
열어주고 싶은 마음 때문이다

묵묵하게 고통을 견딜 수 있는 건
눈에 넣어도 안 아픈 자식 때문
아버지 표정을 자식은 보지 못한다.

슬픔의 치유

우린 왜 슬퍼해야만 하나
슬픔을 치유하는 건 슬픔
우리가 무엇을 망각했을 때
슬픔은 찾아오는 것이지

마음을 다해 아끼고 사랑했던 그 무엇
그가 누구였든 그를 만났을 때
내가 떠나보낼 수도 있고
서로 다른 길을 갈수도 있지

그렇게 찾아온 슬픔의 운명은
쉽게 사라지지 않지
내가 선택한 것이 아니라
슬픔이 나를 선택했기 때문이지

우리의 가슴에 슬픔은 기쁨보다
오래 머물고 자주 나타나는 거래
슬픈 마음을 단번에 치유하는 약은
세상 어디도 없고 자신의 힘으로 천천히

슬픔은 슬픔을 느낀 사람들로부터
위로 받고 천천히 이겨내는 것 이래
슬퍼 할 수 있는 자는 오히려 복이 있나니
아주 서서히 나에게서 떠나는 것이라네.

우리 더 멀리

지금의 이익보다도
미래에 더 필요한 일을 해보자

모두가 하고 싶어 하는 일보다도
누군가 해야 할 일을 해보자

바로 앞만 보지 말고
우리 다 같이
더 멀리를 바라보자

모두가 다 같이
참여하여 재미있게 어울릴 때
더 큰 기쁨을 맛볼 수 있으니까.

인내로 참는 지혜

남의 약점 들추고
상대를 언어폭력으로
괴롭히려 하는 사람들
내가 싫으면 남도 싫은 것

뒤 받아칠 게 아니라
인내로 참는 지혜
숨은 감정을 굴복시키기 위해
평화적인 해법을 찾아보라

난처한 질문은 유머로
상대를 무장해제 시키고
꽉 막힌 사람에겐 침묵으로
적대적 에너지를 분쇄해보라

어떤 상대엔 칭찬해주고
상대의 변화가 있을 때까지
계속 기다려 주는 여유를
당신이 먼저 베풀며 변하여 보라.

인생살이

인생엔 두 가지가 공존하는 것
마음속 양면의 비정한 칼날이
선과 악의 갈림길에서
서성이며 기다리고 있겠지

어디 죄와 벌이 문제인가
선과 악 마음의 선택이 문제이지
바른길 가는 것을 알면서도
또 다른 뭔가 특별함을 기다리며

다시 난 방황의 마음속을 걷고 있겠지
행여나 좋은 일이 있을까 하고
아무리 기다려도 특별한 일은 없고
노상 기다림의 연속이어라

모든 인생사 거기서 거기인 것
특별한 상황은 일어나지 않는데
연속의 순간이 계속 반복일 뿐
그것이 인생사라 생각하면 어떨꼬.

지혜로운 인생

충만으로
더 근사하게
균형 잡힌 인생

깊은 사색과 통찰
스스로의 고민을 통해
더 깊게 생각해보라

지금 작은 실천으로
세상을 바꿔보고
좀 더 여유 있게
더 충만한 인생으로

잘 갈고 닦은 지혜로
삶의 질을 높이면
일상의 깊이는
더 깊어져 가는 것이라네.

찬란한 내일

삶의 핑계로 나는
하고픈 것도 되는 것도 없이
덧없이 세월만 흘려보내는데

희망에 찬 너의 자신감
긍정적인 마음으로
늘 자신의 계발에 게으르지 않고

자신과 용기만 차 있어
항시 깨어있는 너의 모습에
고개 숙여 찬사를 보낸단다

내가 너이고 싶어라
준비된 미래는 꼭 오는 법
찬란한 내일을 보장 받기위해
우린 준비하고 또 준비하자구나.

향기로운 너의 말

나비에게 벌에게 바람에게
이 세상 모든 만물에게
달콤함과 향기를 내주는 꽃처럼

향기로운 마음은
진심 어리게 남을 위해
염원하며 내주는 마음이지

평생 처음 듣는 말처럼
향기로운 너의 말에
감명을 느낀다네

계속 들어도 재미있고
들으면 들을수록 가슴 뛰고
들을 때마다 노래되고 시가 되네.

참회

무섭도록 고요하고
칠흑처럼 캄캄한 밤에
죄의식이란 무엇인가
당신은 죄의식에서 자유로운가

모르고 지은 죄와 알고지은 죄
죄와 벌은 쉽게 지워지지 않고
그래서 인생을 업이라 했든가

삶과 죽음의 사이에서
아름다운 성스러움은
답을 얻기 어려운 질문들이다

삶의 의미와 존재의 이성으로
이해 할 수 없는 저 너머 세계에서
스스로 조용히 쪼그리고 앉아

이런 것을 모아 참회할 수 있다면
현생의 모든 잘못과
쌓였던 숙업까지도 정화되는 것이야.

오늘 지금 이 순간

자신만의 생각으로 세상을 보라
무조건 좋고 하고 싶은 것이 아니라
왜 하고 싶고 좋은지
명확히 설명할 수 있어야 한다

이것 말고 다른 것도
하고 싶고 해야 된다는 것을 알고
자신의 일상에 내면을 성찰해
깊이 생각하는 능력을 가져보라

오늘 지금 여기 이 순간이
나의 삶 제일 중요한 시간이고
지금 바로 이 자리에서
내 삶을 가장 충실하게 실천하고
자신을 믿고 하고 싶은 걸 마음껏 해보라.

깨우침

막막한 사막에서
낙타는 뛰는 법이 없다
몸에 열이 오르면 적응할 수 없기에
참을성 하나로 버티어 왔다

뜨거운 사막을
묵묵히 걸어가는 낙타처럼
자기계발에 꾸준히 전진하는
너의 모습에 찬사를 보낸다.

지혜의 새끼줄

박수와 멸시 사이에서
나름대로 열심히 살았는데
어쩔 수 없이 고달픈 인생을
감수할 수밖에 없는 사람들

어떤 생이든
우주만큼 무게가 있다는데
무시와 격멸 사이
인간이 영원에 남기는 상처는
무한히도 깊고 오래가는 것

양면의 비정한 마음속 칼날이
얼마나 잔인무도한지
인간에게 공존하고 있는 것
일상을 어떻게 다듬어야
어디 얼마나 덜 망가질지

상처 입은 사람들이
지혜의 새끼줄을 꼬는 법
삶을 방어하고 관조하는 법
한 수 배워 세상의 어떤 것에도
나를 지킬 수 있다는 자세로
관리 대처해봄은 어떨까.

옷을 벗고 싶다

나는 옷을 벗고 싶다
위장과 가면의 옷을 벗고
조용하고 진실한 양심의 마음으로

아무것도 걸치지 않은
본연의 알몸 속으로
천천히 걸어가고 싶다

아옹다옹한 시끄러움에서 벗어나
진실 속의 너그러운 세상
어디엔가 있을 부드러운 그곳으로

무슨 인연인냥
우연히 머무르게 하고
무심히 우러르게 하는 그런 세상

새소리 물소리 구름을 벗하며
아주 먼 그 곳 조용한 마음으로
나 홀로 우아하게 떠나가고 싶다.

생각을 바꿔봐

생각을 바꾸면 마음이 바뀌고
마음이 바뀌면 행동이 달라지고
당신의 삶의 질은 높아집니다

행동이 새롭게 바뀌면
시간이 지날수록
진정한 삶과 생활의
가치를 느낄 수 있습니다

모르셨죠
내 안의 생각을 바꾼다는 게
모든 걸 변화시킨다는 사실을

당신보다 먼저 당신의 마음을 만나
당신의 생각을 점검해 보세요
차분히 이런 절차를 거친다면
당신의 모든 삶은 바뀔 것입니다.

물의 교훈

물은 자세를 낮추고
아래로 아래로 흘러가지만

억지로 막으면
무서운 폭포가 생기니

자연의 순리대로
살아가라 하네.

마음의 나이

이유 없는 반항
철없이 까불던 시절이 그리워진다
왜 이런 생각이 드는 걸까
어깨를 짓누르는 책임감에서
벗어나고 싶었던 걸까

내 마음을 믿을 수 없다
럭비공처럼 어디로 튈지
억누를 수 없는 감정은 왜 못 참을까

마음은 항시 젊기만 하고
몸의 나이를 못 따라가는 걸까
몸은 늙어도 마음만은 젊기 때문인지
마음과 몸이 같이 늙어야 하지 않을까

이젠 마음도 몸과 같이
늙어져야겠다고 다짐해본다
마음이 몸처럼 늙으면
모든 걸 참을 수 있을 것이라고.

긍정의 힘

정신 상태에 따라
몸에 해롭거나
좋은 에너지가 생기며

모든 일을
긍정적 사고로 임한다면
행복한 순간이 이어질 것이다

마음은 물론
몸까지도 건강한 하루
재미있고 알찬 삶을 이루어 보라.

낙서

나는 유명한 시인이
되고 싶지 않다

왜냐고

독자가 나를 모르니
아무렇게나
백지 위에
낙서해도 괜찮으니까.

참나眞我

우리 다 같이 눈감고
명상의 시간을 깊이 해보자
눈뜨면 바깥 사물이 보이므로
마음도 밖으로 달린다

눈을 감으면
자신의 마음이 되돌아와
내 몸속에 붙잡혀
함부로 날뛰지 못하고

내 몸속에서 떠나지 않고
자리 잡고 뿌리내려
지혜와 명찰이 생겨
수양 된 참 나를 만나는 것이다.

행복한 믿음

사람들은 자신의 행복이
미래에 있다고 생각하지만
행복이란 지금 이 순간에 있고
노력하면 이뤄질 수 있는 것

산속에 들어가지 않고도
마음의 나래를 펴 날아가면
스스로 행복해 질 수 있고
모든 것은 내 마음속에 있는 거야

불행이 삶의 일부라는 걸
인정하고 늘 받아들여야 하고
항상 행복할 수는 없는 것
사람마다 행복을 느끼는 재능이 다르다

자신보다 잘된 사람에 비유 말고
더 못한 것을 생각하면 만족할 테이고
행복은 바로 옆에 있는 것이니
스스로 행복한 순간을 만들어 보라.

침묵의 전쟁

총성 없는 침묵의 전쟁
인간과 인간 사이에서
소리 없이 일어나는 우리의 현실

왜 헤어지는 걸까
서로가 사랑으로 만났는데
행복은 분명 혼자 오지 않는다

부부싸움은 요령이 필요하고
잘못 내뱉는 말은 씨앗이 되고
딱딱한 돌덩어리가 되어
부부관계를 산산이 조각낸다

상처받은 부위는
서로가 양보하면서
아예 건드리지 않는 것이 낫지

부부가 헤어지는 이유는
싸움 때문이 아니라
서로의 관계 계정計定에 쌓아둔
저축의 정이 모자라기 때문이지.

조용한 사람

조용하고 여유롭게
고독을 좋아하는 사람들이여
소심해도 괜찮아

눈에 보이는 것만 과대평가 말고
당신이 가진 차분함과
조용한 힘은 왜 모르는 거야

세상에 위대한 수많은 것들은
조용한 사람들의 작품이니
자기 모습 그대로 받아들여라

시끄러운 세상에서
차분히 내일을 생각하고
조용히 움직이는 사람들
내성적인 사람이 세상을 움직인다.

마음의 다스림

고통과 번뇌
나 자신이 누구인지
모르는데서 오는 것
자신의 마음을 다스려 보라

지금 이 순간 나를 알면
고통의 원인은
자신과 고통을 연관 짓는 것이
괴로움의 근원임을 알게 돼

병과 암이 내생을 망치는 게 아니고
내 삶의 한 부분 일뿐
같이 산다는 기분으로 치유해보자

육체적 고통보다 정신이 앞선다는
이 작은 깨달음이 삶의 질에서
커다란 차이를 만들어 주는 거야.

독선과 경청

능력을 과신해서
자신이 하는 일은 문제없다고
순간 독선獨善에 실수가 생기지

실수를 실수로 모르니
허물을 고칠 기회가 없고
종내 남의 비웃음만 사게 되지

스스로 고명高明하다 자처하여
아랫사람에게 묻는 것을
창피 부끄러워하는가

늘 남을 이기려고만 들면
어찌 능이 모르는 것을
제대로 알 수 있겠느냐

길은 정해진 방향이 있는데
내 마음대로 갔으니
어찌 땅의 잘못이라 하리오

내가 못나 남의 말 듣는 것 아니니
나팔같이 생긴 귀 활짝 열어
남의 말 신중히 들어보라 하네.

멀고 먼 거리

세상에서 가장 먼 거리는
사람과 사람사이
다가가기도 어색하고
말하기조차 어렵다네

그래도
다가가야 인연되고
사귀는 게 인생인데
스스로 마음을 열어보라

따뜻하고 진실하게
도량 넓은 가슴으로
즐거운 미소와 배려 속에
사랑으로 마음을 활짝 열라.

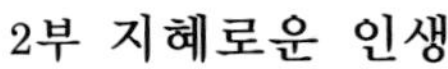

빠름에서 올바름으로

빠름 빠름이
사회를 혼란스럽게 한다

빠름보다 우리의 갈 길은
뉘우치는 바름의 자세와
내가 먼저 섬기는 마음으로
올바름을 찾아야 되겠지

지금이라도
바름과 올바름의 길로
찾아가야만 하지 않을까

지금 뉘우침의 이 눈물이
당신에 느끼는 올바름이 되어
내일의 꽃으로 피어나길
우리는 흘리는 눈물을
향기로운 꽃이라 부른다지요.

영혼에 목마른 사람들

인생의 덧없는 세월은
유수같이 지나가고
자아의 삶을 추구하려는 사람들

내 마음속의 분노와
미움을 잊어버리고
허영과 허세도 벗어 던지자

어떻게 살 것인지 갈등하지만
바람에 흘러가는
산 너머 한조각 구름이어라

자신과도 화해 못 하는
영혼에 목마른 사람들
우리는 늘 그런 세상에서
허우적거릴 뿐이라네

자신에 이르는 길이 무엇인지
인생은 고독과 외로움의 시작이고
그 외로움은 극복 하는 게 아니라
참고 견디어 내는 것이 인간이라네.

웃으며 살자

어떤 어른이
어린 아이에게
무서운 표정을 지우며
나 무섭지?

어린이 왈
하하 우습다 라고

세상을 어른처럼
무섭고 어렵게 살지 말고
천진난만한 어린이같이
우습고 즐겁게 살아가시길.

파산 않는 길

돈 벌기는 어려워도
흥청거리며 쓰기는 쉽다
남의 돈을 내 것처럼
쓰는 재미는 더 좋다

특히 카드를 쓸 때는
숫자개념으로 실감이 없고
현금으로 쓸 때는
아깝고 소중함을 느낀다

자동차에 주유할 때도
카드 보단 현금으로 세어주면
카드의 적립금보다 더 아껴
소중함을 알고 절약하게 되더라

큰 차원의 국민의식을 떠나
개인파산 없으면 국가도 있는 것
나부터 숫자개념을 알아
파산하지 않아야겠다.

침묵속의 치유

나는 누구이며
인생이 무척 힘들다고
또 어떻게 살아야 하는가
어디서 와서 어디로 가는가
누구나 이런 고민에 빠지게 되지

그 과정이 없으면
자기 속을 들여다볼 기회가 없지
그러니까 그것이 인생이지
그런 의미에서 침묵으로 묵인해봐

그 침묵 속에 치유가 흐르고
갖고 싶었던 기쁨을 찾을 수 있고
드러내 놓고 추구할 수 있으니까
숨겨 놓았던 내면의 아픈 상처를
보듬으며 치유는 시작되는 것

삶은 뒤집고 뜯어 고치는 게 아니라
있는 그대로 나를 받아들여
이기적이고 오만 속에서 벗어나
내면을 정화하고 걷어낸 후
서서히 치유 된다는 것을 알았지

이제야 깨달음에 후회도 있지만
진정한 삶이 무엇인가 알았다는 것
그 보다 더 좋은 것은
내가 지금 참 행복을 느낀다는 것
이보다 더 황홀한 인생 어디 있으랴.

내 몸

내 몸은
이 세상에서 최고

잘생겨도 최고
못생겨도 최고

건강해도 최고
허약해도 최고
무식해도 최고다

내 몸이 없다면
아무것도 할 수 없고
내 존재는 영원히 사라지니까.

마음의 나침반

어리석은 사람들이여
옆으로 빠져 들지 말고
앞으로 나갈 나침반을 가져라

지난 시간은 돌이킬 수 없다
다만 어제의 쓰라린 경험으로
내일의 더 좋은 미래를
가르쳐 줄 수는 있다

항시 마음을 열고
오늘의 신중함과 현명함을
조용히 생각하고 일깨워 보라

나침반도 길을 잡기 전엔
방향을 위해 흔들리는 것
그대도 지금은 흔들릴망정
이내 곧 광명의 길을 찾아가리라.

3부

성취감의 행복

성취감은 행복한 중독
자기가 좋아하는 일을 하면서
자신만의 전문성을 쌓고
일단 맛을 음미하며 즐겨보자.
『성취감의 행복』 중에서

한 장의 백지

덧없이 흐르는
세월의 무상함에
잃어버린 나를 찾아
오늘도 쭈뼛쭈뼛 살펴보네

어릴 적 딱지처럼
꼬깃꼬깃 접은 한 장의 낙서를
수줍게 주머니에 숨겨두고
순간순간 시어들을
어둔한 머리로 짜아본다

더도 덜도 말고
내가 생각하는 것들을
포장하지 않고 맑은 물처럼
좋아하는 글귀만 주워본다

불러 보고픈
영혼의 소리가 있었기에
당신의 마음을 움직여보려
삶의 지혜가 담긴 시구들을
한 장의 백지에 조심스레 담아본다.

당신만의 시간

바쁜 일정 속 찌들은 삶이여
일과에 빈칸을 만들어 놓고
스스로 자신을 생각해 보라

쌓여있는 일정에 여유를 갖고
산책을 가든 무엇을 하든
당신만을 위한 시간 만들어 보라

우연히 발생한 여유시간이 아닌
의도적으로 일정에 넣어
나만 생각하는 시간을 가져라

그 순간 최고의 투자 방법이며
자신을 위한 마음의 결정체
스스로 진화하는 과정이 아닐까.

사랑의 표현

당신의 깊은 속사랑을 보여줘
가슴속 담고만 있지 말고
사랑은 표현치 않으면 못 느끼니
추억꺼리를 자꾸 만들어 보렴

처음 만남의 장소 찾아보고
옛날 사진과 옆에 붙여보기
결혼기념일 생일은 물론
모든 추억의 날개도 모아보기

추억을 당신과 거닐고 돌아오면
자연 속 그대는 아름다워 보이고
사랑과 행복이 깊어질 것이라네

마음으론 미흡하니 표현하고
대화를 많이 나눌수록
바구니가 커지고 깊어지는 것

사랑은 보이지 않지만
사랑의 표현은 분명히 보이니
당신의 사랑을 자연과 함께
표현하고 보여줘 더더욱 많이.

역발상

아무리 해봐도
풀리지 않는 젊음들이여
앞만 보지 말고 뒤로 돌아보라

사람의 인격도 뒤를 보면 보이듯
앞에서는 보이지 않던 것들이
거꾸로 보면 보인다고 했다

긍정적인 마음을 지향적으로
하다하다 안되면 역발상 해보라
비결은 역발상과 감동 이느니라.

내 사랑

사랑
주고 싶은가 받고 싶은가
두 사람이 서로 마주봐야
이뤄지고 열매가 맺지

사랑할 땐 종이 되고
받을 땐 여왕 되니
밤에는 여우가 되어
종과 여왕 차이는 똑 같은 것

자신이 사랑하는 사람
자신을 사랑해 주는 사람
줄땐 짜릿 해서 포기 못하고
받을 땐 달콤해서 끊을 수 없지

사랑
적극적인 욕망의 발로
용감하다는 건 손해를 봐도
그 마음은 꺾지 않는 것이야.

뜨거운 욕망

인간은 그런대로
재미있게 살아가면서도
뜨거운 욕망은 한이 없다
어디서 어디가 끝이란 말인가
욕망보다 더 뜨거운 건 없으리라

어느 날 갑자기 불쑥 다가서는
거대한 욕망은 거부해야 되지만
욕심이 없으면 살아남을 수 없기에
사정거리 안에서 이어지는
작은 욕망들은 끊기 어려워

품은 욕망 자체가
과욕인 줄 알면서도 잊지 못하고
묵묵히 삶을 이어가는 사람들
스스로가 접을 때를 알아야만
욕망은 다스릴 수 있는 것이야.

누구랑 사니(1)

넌 웬수랑 사니
난 애인이랑 산다

웬수와 애인은
거기서 거기인 것

세상사 모든 것은
자기하기 나름인데

웬수도 애인처럼
대해주면 변할 것을 …

누구랑 사니(2)

넌 멍청이랑 사니
난 임금이랑 산다

멍청이와 임금은
취급하기 나름인 걸

세상사 모든 것은
생각하기 달려있어

넌 멍청이의 마누라고
난 왕비가 되네.

사랑

사랑이란
아픔과 기쁨
달콤 씁쓰레한 것

기쁨은 아픔이고
아픔은 기쁨이니
기쁘니까 사랑이고
아프니까 사랑이지

초조한 가슴
첫 사랑은 진한 것
그보다 진하지 않은 건
사랑이 아니야

사랑은 기쁨과 황홀
첫사랑보다 더 진한 사랑을
그대는 지금
해보지 않으련.

오늘

어제는 이미 지나갔고
내일은 아직 오지 않았다
당신이 할 일이 있다면
다만 오늘만이 있을 뿐이다

이 세상 어느 누구도
이미 지나간 것은 되돌릴 수 없고
내일을 당겨 올 수도 없나니
그날의 할 일은 그날에 따로 있는 것

지나간 어제는 잊어버리고
내일은 내일 생각도록 미루고
오직 오늘은 오늘이 있을 뿐이다

지금을 놓친 채 과거에 살고
지금을 버려두고 미래를 꿈꾸니
삶은 나날이 공허해지고
마음은 갈수록 황폐해지지
오늘이 문제이니 오늘을 놓치지 마라.

웃음과 눈물

웃음과 눈물은
하늘이 내린 자연 치료제
웃거나 울면 몸이 가뿐해지고
마음에 쌓인 응어리도 풀리지

웃음과 눈물은
극과 극인 듯 보이지만
우리의 몸과 마음에
유사한 반응을 일으킨다

면역을 높여 통증을 줄이고
혈액순환을 원활하게
인생을 긍정적으로 보게 하는
효과를 내게 한다지

치유하는 과정으로
자기 스스로를 위하며
평소 잘 웃고 슬플 때의 눈물은
삶이 유연하여 건강엔 최고지

웃음과 울음에 서툰 당신
거울을 보면서 웃거나
우는 시간을 가져보렴
자연스러워 행복해 질 것이니.

말

말 말 말
말이 없어 답답한가
말이 많아 즐거운가

하고픈 말 마음대로 해야만
속이 시원해지는 걸까
참는 것이 좋은 걸까

무심코 던진 한마디 말이
평생을 잊을 수 없는
상처가 될 수도 있고
내뱉은 말은 지울 수가 없다

말은 말을 부르고 말을 낳는다
침묵은 분노를 삭이지만
많은 말은 더 잦은 시비를 부르니
다 같이 말조심 하고
가벼운 입 대신 무거운 입을 택하라.

질투와 욕심의 힘

사랑과 질투 그리고 욕심
치열하게 밀고 당기는 것
사랑보다 질투의 힘은 강하다

질투에 너무 눈이 멀면
아무 죄 없는 사람도 괴롭히지만
욕심과 질투는 발전을 상징한다

때론 괴롭고 아프지만
스스로 용납하기 어려운 질투
사랑 없이 질투할 수는 있지만
질투 없이 사랑은 불가능하다

어쩌면 질투의 원동력이
영원한 사랑을 지피는
불꽃의 힘이 아닐까.

치료와 치유

우리에게 필요한 것은
치료가 아니라 치유 이느니
치료는 타인이 하는 것이고
치유는 본인이 스스로가 하는 것

당신이 당신의 마음과
더 큰 친밀감을 형성하여
인내와 여유로 치유에 필요한
내적 마음을 계발하는
기회를 끊임없이 제공해 보라

어떻게 하면 지혜와 의미를 갖고
행복을 느끼면서 살 수 있는지
스스로 치유의 마음이
모든 고통을 최소한 줄여주며
행복한 마음으로 바꾸어 놓는 것이라네.

못 박는 일

못 박는 일과 뽑는 일
집엔 못이 많이 박혀있다
우리는 필요 이상으로
아무 생각 없이 못 박는다

조금만 필요성 느끼면
어디라도 못 박는다
내가 너 가슴에 못 박듯이
너도 내 가슴에 못 박는다

남에게 못 박는 일은 없어야지
아무 생각 없이 박는 못
상대에게 큰 상처를 주며
뽑는다 해도 자국은 남는 것
아주 깊게 선명하게 영원히

박는 사람과 뽑는 사람
거리가 좁혀지지 않고
못을 뽑고 기대 쉬는데
벽 뒤에서 누가 또 못질하네
상대에게 못 박는 짓 않아야겠다.

끼 많은 사람

끼란 무엇인가
어떤 분야에 잘하는
타고난 재주와 소질

재능은 있어 보이는데
발휘 못 하는 사람을
끼가 없다고 하지

우리가 갈구하는 창의성이란
끼의 구체적인 표현이 아닐까
재능은 연마할 수 있지만
끼는 타고 나는 기질

자기의 끼를 찾기는 어렵지만
우리 모두 숨은 끼를 찾아
싸매지 말고 풀어헤치어
마음껏 발휘하며 살아가 보자.

꿈의 가능성

꿈 가진 사람은 신나고 즐겁다네
왜냐고 꿈이 있기 때문이지
꿈이 있는 건 내가 나를 믿어주는
자신감이 살아나기 때문이야

나의 최고 치유방법은
내 안에 있는 꿈과 가능성 때문
매사에 모든 것 즐겁고 재미있지

꿈이란 앞이 보이지 않는
오늘을 묵묵히 참아낸 사람만이
다가 갈 수 있는 미래가 아닐까

너무 멋진 꿈은 나를 실망시키니
꿈은 가까울수록 실천 가능하며
작은 것 하나씩 이뤄가는 과정이
믿을만한 꿈 잡이로 만든다네

꿈에는 완료형이 없고
언제나 진행형 이래
그래서 꿈이 아름다운 것이랄까.

간 큰 남자

간은 용기와 힘
두둑한 배짱
몸속 해독으로 최고

무모한 사람을 간 부었다 하고
겁먹어 놀랐을 때
간이 콩알만 해졌다 하지

집안에서 남자가
일을 전혀 거들지 않을 때
간 큰 사내라 놀리고
깜짝 놀랄 일을 당할 때
간 떨어졌다고 하지

간 기운이 강하면
추진력과 결단력이 좋아
웬만큼 고통이 와도
아프다 하소연 않기 때문에
침묵의 장기로 통하지

올해는 간 떨어질 만큼
놀라운 좋은 일들이
꼬 ~ 옥 생겼으면 좋겠다.

나이 타령

에 - 고, 이 나이에 무슨
내 나이 돼 봐라 안 아픈데 있나
시도 때도 없는 나이타령
버릇처럼 붙은 표현의 습관
어쩔 수 없이 입에 밴 나이 타령

세월의 흐름을 알게 모르게
앞으론 체념적이고 상습적인
푸념은 지양 하겠다는 반성으로
윤택한 삶의 질을 찾고자
우선 말부터 나이 타령 걷어내자

앞으로 나이 탓 돌리지 말고
무엇이든 가능케 극복할 수 있는
새 시대란 걸 잊지 않고
기성세대라 어쩔 수 없다는
사고방식과 표현도 없애보자

지금 힘이 솟고 있네
당장 뭐든지 할 수 있어
내가 바로 주인공이야
새롭게 비상하는 진정한 나
긍정의 말이 사기를 확 바꿔주네.

왜(why)

왜 그럴까
관심과 질문이 있는 곳에
내일의 창조가 있다

그래서 우리는
질문하여
궁금증을 풀고
물어서 답을 얻어라

이건 왜 이렇고
저건 왜 저렇고
요건 왜 요럴까

질문이 있는 곳에 발전이 있고
물음이 있는 곳에 답이 있으니
보장된 미래가 전개 되리라

성취감의 행복

성취감은 행복한 중독
자기가 좋아하는 일을 하면서
자신만의 전문성을 쌓고
일단 맛을 음미하며 즐겨보자

누군가 시켜서 억지로 한다면
불행한 삶의 시작이겠지
자신의 뇌적 성향에 맞는
좋아하는 일을 찾아서 해보자

그것을 찾는 것이 성공의 첫걸음
좋아하는 일을 하게 되면
그 일에 부름을 받았다는
소명의식이 생겨 힘이 솟지

그 열정으로 자신이 넘쳐
행복 속에 온몸을 휘어 감고
성공적인 삶을 살았노라고
그대는 자부 할 수 있을 거라네.

순간의 삶

하늘을 찌르는 높은 빌딩
인간을 지배하는 휴대폰과 전자제품
세계 각국에서 폭발하는 지진
거대한 위험사회로 들어선지 오래다

위험이 비정상이 아니라
위험자체가 정상인 시대
정해진 목표를 달성키 위해
위험 일상화 시대로 진입한 것

예측 할 수 없는 위험들이
곳곳에서 도사리고 있고
압축적인 근대화에 이어
빛의 속도로 진행되는 정보화 시대

살벌한 문화시대 속에서
눈감고 두 손 모아 침묵하면서
조용히 옛날로 되돌아가 고민하고
가슴깊이 염원하는 순간이기도 하다.

열정의 청춘

젊은이들이여
대지위에 굳건히 발 딛고
더 높은 야망을 가져봐

젊음이 아름답고 좋은 이유는
가진 것 없어도 꿈을 꾸고
열정으로 불사르기 때문이지

꿈을 꾸지 않는 청춘들이여
오랜 세월 타의 결정에 따라
살아오는 과정이 반복된다면
자신의 능력을 탐색 못하지

자신이 원하는 미래의 꿈을 위해
창의와 독립성을 배우고
존재감과 성취기쁨을 깨달으며
스스로 헤쳐 가는 과정이 필요하지.

자신의 통제

절망의 길목에서
좌절하거나 포기하지 않고
최선을 다 하는 사람이야 말로
위대한 승리자인 것이다

좌절할 때 사물을 남다르게 보라
역발상으로 다른 관점이
다른 생각을 창조하는 것

다르게 보고 다르게 시작하라
인생의 가장 큰 성공 비결은
소심하게 보고 느꼈으면
두둑한 배짱으로 밀어붙이는 것

순간적인 감정에 좌우되지 말고
감정은 자기 의지대로 할 수 없고
깊은 생각은 윤리와 도덕이 있으니
소심하게 자신을 통제해야 한다.

욱하는 사람들

분노의 일상화로
자제력을 잃고
인내로 못 참는 사람들

지금 우리 사회는
욱하는 사람들로
생활형 분노가 팽팽해 있다

지하철에서 부딪쳐 욱하고
인출기 앞 시간 걸려 욱하고
음식 늦게 나와 욱하고
찜질방에서 코 곤다 욱하고

사소한 일에도 욱해 싸우고
이유 없이 불같이 화내고
욱하는 손님은 공포의 대상
분노는 가정에서도 흔한 일상

인터넷에 악성댓글 올리고
신상 털기와 마녀사냥
불공평 인식은 분노심의 초래로
자신의 분노를 해소하는 행위

남들의 잘됨을 못 보는 사람들
민주와 자유 개방으로
개인적 큰소리 강해진 한국인
이웃 간 심리적 거리는 아직 멀어
가슴에 손 얹고 반성할 대목이다.

시의 세계

사귐과 헤어짐
소심함과 방심 속에
서투름과 숙달됨의 연속
지금까지 살아온 수많은 날들

이유 없는 반항과 버팀
삶의 고달픔과 어려움
방전 될 대로 방전된 머릿속
충전을 위해 시집을 들춰 본다
아주 양질의 충전용 배터리다

보이지 않는 하늘이 보이고
수많은 별들이 반짝이고
기어가는 벌레의 꽁무니엔
꼬불꼬불 오솔길 생기네

아름다운 시어들이 가득하고
깨알 같은 충만함도 넘치는
상상의 시심詩心 세계가 날 기다리네
이보다도 더 좋은
충정용 배터리가 또 있을까.

제멋의 인생

너무 반듯하게 산다는 것
오히려 깐깐하고 위선이더라고
약간은 일탈해도 인생사는 재미고
세상은 무너지지 않더라

때론 우산도 없이
비 흠뻑 맞으며 걸어보는 것도
때 묻은 현실을 승화시켜주며
살아가는 색다른 멋이더라고

어떤 사람은 예술을 한답시고
허구한 날 자유분방 돌아다니고
갇힌 구석 집착하는 마음도 없이
자유롭게 사는 것도 제멋이고
행복하게 보이더라고

소심하고 따뜻한 마음도 능력이고
냉혹한 세상 이겨낼 부드러운 힘인 걸
기다릴 수 없는 기다림을 기다리고
용서할 수없는 용서를 용서해주고
보듬어줘야 하는 것이 인생 아닐까.

나는 무지렁이

나는 무지렁이다
재주와 덕이 없고
아는 것이라곤 아무것도 없네

마음과 가슴속 깊이
챙겨둔 것도 없고
터득한 것이란 더욱 없네

이것저것 아무것도 없으니
사회생활은 커녕
속세를 벗어나 사는 것이
나에게는 맞지 않겠는가

배고프면 밥 먹고
해 뜨면 일하고 해지면 잠자고
이 생각 저 생각에 잠 못 이루고
오늘도 뜬눈으로 지새워지네.

고통속의 깨달음

내 속에서 솟아나오는
젊음의 고통과 번뇌
그 진통속의 깨달음

그것을 찾으려 갈망하지만
왜 그토록 어렵고 안 될까
차분히 읊조려 생각해 본다

막막한 불확정 속에서
빠른 속도로 급변하는 문명 속
우리는 언제나 변해야 한다

자신에 이르는 길이 무엇인지
마음이 느껴야 몸이 움직이고
변해야 도태 되지 않고 살 수 있지

질문의 답은 남이 찾는 게 아니고
자신 속 본인이 찾아야해
지금 무엇을 할 것인지를
실천하는 그 자리에 희망이 싹튼다.

야무진 출발

우리들의 피곤한 일상
우리가 참고 살아가는 이유는
어릴 때부터 꿈꿔온
희망과 기대를 안고 사는 사람들

젊음의 불꽃같은 삶
때로는 고통스럽지만
참고 살아가는 평범한 일생

세월은 시간과 함께
자꾸만 변모되어 가는데
내실을 다지는 알찬 성숙함이여

책의 머리말 보면 내용을 알 수 있듯
모든 사람은 첫인상이 중요하고
첫 시작이 반이라 했듯이
야무진 출발이 중요하지 않을까.

자식 키우는 법

자식 키우는 법을
배워 보시겠다고요
정말 실천할 수 있을까요

자식의 하루를 이해한다면
그것은 자식을 송두리째 아는 것
무슨 짓 하든 야단치지 말고
함께하며 몇 달간 칭찬해 보세요

성장의 필수는 이해와 감동
강압과 무관심이 상처를 갖게 하고
아이들의 한숨과 절망이
진눈깨비처럼 흩날려 쌓이고 있지

버릇없이 삐딱선을 타도
수양하는 심정으로 참아내고
속으론 가자미눈 흘겨보면서도
입으로는 칭찬으로 감동 줘봐

아이의 가치는 무엇보다 고귀한 것
칭찬해주면 꽃들도 춤을 춘다는데
그들에 필요한 건 격려와 위로
오늘도 부모는 기다리며 도를 닦는다.

좋아하고 잘하는 일

인생에서 고민은
잘하는 것과 좋아하는 것
어느 쪽을 택해야 할지
꼬리를 물고 따라 다닌다

답을 찾기 힘든 상황에서
꼭 필요한 것은
자신이 하는 모든 일을
좋아하는 일이 되도록 노력하라

하루아침엔 되지 않는다
긴 터널처럼 어둠이 있으나
그때마다 나를 지탱해 준건
다시 잘할 수 있다는 흥분과 즐거움

자신이 좋아하는 일
가장 잘하는 일이라는 생각 속에
새로운 주제는 내 가슴 뛰게 하고
내 삶을 더욱 젊고 활기차게 하네.

참다운 여행

사람의 일상생활에는
정해진 시간표에 따라
해야 할 일을 하면서 살아간다

때로는 인간의 마음속엔
일상의 정해진 틀을 깨고나와
자유롭고 싶은 마음이 숨어있지

의무와 구속 억압과 서러움
압박에서 벗어나 새로운 곳으로
떠나고 싶은 충동이 불쑥 떠오른다

그럴 땐 떠나는 여행이 시작되고
일상을 탈출하여 모험과 발견
자신의 만남과 감동이 시작되지

삶의 자리를 바꿈으로써
온몸으로 세상을 새롭게 생각하며
자신의 참모습을 보기도 하지
참다운 세상을 보기 위해 길을 떠나본다.

4부

방황 끝의 도전

시작이 있으면 끝도 있는 법
힘차게 끝까지 도전하면
빛나고 활기찬 내일이
너를 기다리고 있을 것이니까.

『방황 끝의 도전』 중에서

방황 끝의 도전

지금 뚝 그쳐봐
방황의 상태에서 정신을 차리고
몽롱에서 정상으로 돌아와 봐
모든 것이 광란에서 바로보이고
본연의 자세로 돌아올 것이니까

그럼 이제부터 다시 시작해보고
추락을 두려워 말고
힘차게 도전하라
도전을 두려워하면 발전도 없다

시작이 없으면 끝도 없는 거야
발전 없는 현실은
결국 도태 할 수밖에 없으니

시작이 있으면 끝도 있는 법
힘차게 끝까지 도전하면
빛나고 활기찬 내일이
너를 기다리고 있을 것이니까.

광란의 춤

울어, 울어 미친 듯이
그리고 웃어, 웃어
울고 웃고, 울고 웃고
춤춰, 춤춰 마음껏

울고 웃고 춤춰
웃고 울고 춤춰
흔들고, 흔들고 춤춰
마음껏 흔들고, 흔들고 춤춰

웃고 울고 흔들고 춤춰 콕콕
울고 웃고 흔들고 춤춰봐 콕콕
생의 절망 속 분노와
산만의 틈바구니에서

두려움과 아픔으로
미친 듯이 혼란스러울 때
광란하게 흔들며 춤춰봐
눈물과 웃음이 뒤범벅될 때까지.

떨어지는 별

별들의 침묵
가을 하늘의 무수한 별들
반짝이는 별들 속에
소리 없이 줄을 그으며
떨어지는 별똥하나

어쩌면 이 세상의 인간도
저렇게 소리 없이 떨어지겠지
떨어지며 다시 기다리는 게
인생살이 아닐까

나의 존재도 흔들리고
내 마음도 떨고 있네
내일이면 나도 저렇게
소리 없이 떨어지겠지.

수암水岩

골짜기 바위는
물길을 돌렸노라고
굳건히 버티고 서 있고

산속 흐르는 물은
바위 뚫고 모난 곳 깎았노라고
소리 내며 흐르고 있네

이 세상 영원히 이기고
지는 것이 어디 있으랴
너희도 물과 바위로 어울려
오손도손 살아가지 않으련.

시속의 모든 것

시는 모든 인생을 치유한다
맑은 정신으로 시를 읽으면
깨끗한 물로 씻어낸 듯
살아 움직여 내면으로 들어오지

괴롭던 어제의 고통과 고민도
말끔히 사라지게 하고
다시 세상에 태어나는 기분이지

생명을 잉태하는 공간이기도 하며
생활기능이 없는 무생물에도
생명을 불어넣어 움직이게 하지

시속에 모든 것이 있고
상상의 나래를 펴
내 고향 뒷동산
세상 어디라도 가볼 수 있고
우주의 미지공간도 갈 수 있지 않을까.

높은 욕망

일이 뜻대로 되지 않아
답답하다 못해 속이 쓰려
갈피를 못 잡아 방황도 한다고
이빨이 없으면 잇몸으로 확 날려봐

진정한 성공을 위한 도전
한 개를 얻으려면 열 개를 요구하듯
새로운 높은 욕망을 가지고
상대를 사로잡는 짜릿함을 갖춰봐

욕망이 높다고 누가 뭐랄쏘냐
높은 만큼 많이 이뤄질 것이니
미래의 나를 만나기 위해
끝없는 질주 속을 포기치 말라

답답함은 스스로 극복해나가
끊임없이 달리다 보면
내일의 빛나는 영광이
당신을 기다리고 있을 거야
틀림없이 아주 분명하게.

과식

사랑하는 벗들이여
우리는 느껴야 할 것이 너무 많다
필요 이상 먹는 것도 그렇지

폭식은 식욕의 방종이며
더 이상 먹을 수 없을 때까지
먹어도 된다고 생각한다

신체의 과식은 과로보다 더 나쁘며
정신의 활동은 많은 일보다도
부절제한 식사로 더욱 약해진다

소화기관에 부담지울 만큼
초과 음식은 모두가 배설만 될 뿐
몸도 쉴 틈 없으니 병만 초래되지

부절제한 것은 큰 죄악이니
적당히 먹고 꾸준히 활동해
건강하게 오래오래 누리시길.

다름과 틀림

이곳저곳 그곳
이곳에는 이 사람이
저곳에는 저 사람이
그곳에는 그 사람이 모여 있네

이것저것 그것
이것은 이 사람이
저것은 저 사람이
그것은 그 사람이 하고 있네

가는 방향만 다를 뿐
틀린 것은 아니다
이 세상 틀린 것은 없고
생각이 다를 뿐이다

서로의 생각이 다르고
가는 길이 다르다는 것만 안다면
이 세상 사람들을
이해하며 살아갈 것 같다.

다 성장한 날

신발의 문수
안 바꿔도 되던 날부터
옛 친구들 도시로 떠나 버려

뒷동산 풀 향기 벌레소리
찬란한 오색무지개
하늘의 별들도 보이지 않아

삭막한 도시의 한복판
하늘을 찌르는 높은 빌딩
광란한 불빛과 굉음 소리

꿈 많은 희망도 멀어져가고
넋 잃은 시골의 황소마냥
정신없이 멍하니 서 있기만 하네.

물과 바위

한 방울의 물이
바위를 뚫었노라고.

졸졸 소리 내어
의기양양 흘러가고

바위는 말없이 그 자리에서
묵묵히 버티기만 하네.

자연 속에서

일렁이는 풀잎
춤추는 나뭇가지
스치는 바람 소리
눈물이 나도록 예쁜 단풍잎

자연 속 기氣 듬뿍 받았나
보이지 않는 바람 풀잎 통해 보이고
걸어도, 걸어도 가볍기만 하네
그 무엇과 바꿀 수 있으리

벅차오른다
가슴 속 펼쳐지는
싱그럽고 포근한 자연의 숨결 소리
내 대신 바람이 숨 쉬어 주네.

꽃과 새 그리고 사람

하늘을 나는 멥새도 새이고
물 위를 헤엄치는 오리도 새이고
땅 위를 걷는 닭도 새이지
재주는 다를망정 새는 새이고
특기가 다를 뿐 틀린 것은 아니지

빨강 장미꽃도 꽃이고
노랑 호박꽃도 꽃이고
하얀 박꽃도 꽃이지
색깔은 달라도 꽃은 꽃이고
천박한 꽃일수록 큰 열매를 맺지

꼼꼼한 사람, 활달한 사람
복잡한 생각 소심한 성격 탓에
계절마다 찾아오는 우울증
훨훨 날아가는 한 마리 새가 되어
산속으로 바닷가로 돌고 돌아갈까 보다.

자연과의 사색

목표를 접어두고
휴대폰도 꺼두고 몸 하나 챙겨
대 자연 속으로 들어가 보라

나는 얼마나 작은 존재인가를
다시금 깨닫게 될 것이고
침묵으로 자연과 사색하며
자신과 대화하는 시간을 가져보라

자연의 체험을 글로 나누는 시간은
상대의 감동을 더 높이 증가시키고
말보다 더 깊은 관계를 맺게 해 준다

우리는 마음의 눈으로 보아야만
본질적인 것을 잘 볼 수 있고
두 눈에는 보이지 않는다고 했으니
스스로의 마음으로 자기치유를 해보라.

새우와 밴댕이

허리를 꼬부린
새우는 바다가 좁아
허리를 못 펴고 살고

속이 좁은 밴댕이는
속이 좁고 아는 것이 없어
겁 없이 바다를 휘젓고 다닌다

그래서 모르면
겁이 없다고 하는 걸까
새우들 속에 밴댕이가 설친다

여기도 밴댕이 저기도 밴댕이
남을 이해 못하고 배려 못하는
밴댕이 소가지 같은 놈들아

썩 멀리 물러가지 못할꼬
새우도 문제지만
밴댕이도 문제로다

시구詩句

짜릿한 시구
익숙한 시구
어설픈 시구
진부眞否한 시구

어느 때는
꼬리만 살짝 드러내고
잡힐 듯 잡히지 않는 시구 때문에
약이 오른 순간, 순간들……

진주는 조개의 역경을
극복하고 만든 작품처럼
내 안에 얼어붙은 시심詩心에게
한껏 힘을 주어 봅니다.

낭만의 계절

짓이겨진
고독과 슬픔의 눈물
감정의 과잉상태에서

짓밟혀 버린
추억과 낭만의 계절 속
위로가 필요한 이들이여

추위에 떨며
마음까지 얼어붙은
요즘의 현대 사람들

희망과 기쁨을 안겨 주고픈
간절한 염원으로
눈물과 고독, 우울증
모두가 다 내 친구

그래도 천지가 하얀 겨울은
온 세상 백설로 뒤덮고 쌓여
낭만의 계절이라 힘이 솟는다.

보고 싶은 마음

하늘을 우러러보기 창피해
갓으로 얼굴을 가리고
다녔다는 김삿갓처럼

얼굴 하나야
갓이나 두 손바닥으로
가리면 되지만

보고 싶은 마음은
하늘만큼 높고
땅만큼 넓으니

눈을 감아 보지만
감으면 깜을수록
마음으로 더 보이는 걸 어떡해.

여름 끝자락에

땀띠 나게 돌아가던
요란한 선풍기
매미의 울음소리도
여운을 남긴 채
멀리 떠나 버리고

언제 피었는가
하늘하늘 거리며
얼굴을 흔드는 코스모스

님을 찾는 윙크로
그리움의 흔적인가
살랑살랑
가을의 흔들림은
늦은 사랑의 몸부림 인가봐.

자연의 법칙

너와 나
우리 모두들
주위의 모든 사물까지도
지구와 우주의 공간속에
얽매여 살고 있다는 사실을

그 속에서도 서로가 서로를
먹고 먹히는 생존경쟁
오래되면 죽고 새 생명 태어나는
순리의 법칙 속에서
이것만은 잊지 말고 기억하라

태산같이 무게 있게
호랑이 같은 매서운 눈으로
화살촉같이 감싸 쥐고
독수리 주둥이같이 뾰족하게
목표를 위해 날카롭게 쏘아라.

초승달

빙산의 일부처럼
가슴속에 감추고
조금만 보여주는 당신

전부보다 더 값진 것은
그 속에 숨겨놓은
화려하고 더 아름다운 것

감춘 나머지를 보기위해
애타게 기다리는
가슴 아픈 기대가 있기 때문이지.

정월 대보름

달은 어둠을 밀어내고
은은한 밝음의 상징
달은 해와 달라 변화무상하지

작은 초승달에서
큰 보름달로 변하고
또다시 작은 그믐달로 변하지

정월 대보름에는
부름 깨기로 피부병도 예방하고
쥐불놀이로 그해 풍년을 빌지

일 년 중 가장 큰 정월 대보름은
특별한 음식과 세시歲時풍속으로
우리 조상은 가족안녕을 빌었지

나도 올해는 꼭 강가로 나가
음식차려 보름달을 보면서
손 모아 모두의 소원을 빌어야겠다.

모래위의 글

내일이면 지워질 글
오늘도 모래 위에 다시 새긴다
우리가 아니면 그 누가 새기리

덧없는 게 우리네 인생이지만
그 모래 위에 글을 밟고
일어서는 게 오늘날의 인생

또 그 글 위를 밟고
올라가는 게 내일의 인생이고
그렇게 기록을 밟고 살아온 게
지금까지의 역사와 인생이지

과거 그래왔듯이
앞으로도 그 기록 위 글을 밟고
우리들은 계속 발전할 것이라네.

별무리

하늘의 별무리 속엔
애기 별들이 가득
맑게 빤짝거리는 은하계

수많은 별들로
밥 말아 먹고
별빛으로 샤워해보자

하늘의 예술작품을
체험하고 돌아온 느낌
함께 맛보는 자연
밤의 정취도 큰 선물이네

즐겁게 별을 보니 더욱 즐거워
밤하늘의 정취감에 빠져
이 세상을 잊고
별 속 은하계에 사는 기분

별무리가 잡힌 밤
보면 볼수록 아름다워
무한한 신비로움과
몰입감에 푹 빠지게 되네.

묵언

천 마디 말보다
침묵은 강력한 각성을 안겨주고
묵언하니 자연적으로
자신과 대화하는 마음이 되더라

조용한 묵언
남을 배려하는 속삭임 소리
개미소리까지도 들릴 정도라

잘못된 말은
몸을 치는 도끼이고
가슴을 찌르는 칼날이며
상대를 괴롭히는 도구가 된다

언제 어디서든
말 한마디에 시비가 붙고
모든 화의 근본이 되니
말을 줄이는 게 수행의 첫걸음이니라.

상처투성이

살아 있는 것은 상처가 있다
기쁨과 슬픈 사랑과 미움
감정을 지닌 사람은 마음의 상처가
얼마나 더 깊고 고통스러운 것일까

살아 있는 것이라면
누구나 지닐 수밖에 없는 상처
상처를 너무 못 견뎌 하지 말고
당연히 받아들여 대처해보자

스스로 상처 때문에
찾아오는 복을 잊어버리지 말고
천천히 마음과 함께 여유를 가져
내가 누릴 수 있는 기쁨을 챙겨

보람된 오늘을 찾아가보면
행복하고 빛나는 내일이
그대를 위해 기다리고 있을 테니까.

접목으로 승화

목소리가 크면 이긴다
웬 농담, 소리가 크면
확신이 강한 것이 아니고
그만큼 약하다는 뜻

좋아하는 책들을
자세히 살펴보고
그 책에서 가장 강조하는
뜻있는 것들을 골라

모방하는 게 아니라
자신의 참된 삶에
새롭고 우아한 지식으로
접목시켜 활용해보라

문인의 평생 모은 지식을
자신만의 방법으로
승화 발전시켜 보라는
진심 어린 마음의 제안인 것이야.

오늘의 주인공

은하수처럼
유난히 반짝이다가
장렬히 흩어지고
부서지는 주인공들이여

주인공은 오래가지 못하는 것
오늘의 주인공들이여
내일이면 너도 저들같이
산산이 부서질 것이니

지금 오늘에
부서질 내일을
항시 대비하라
남의 일이 아닐 것이니.

술과 채식

술 한 잔 마시며
왼손에 들고 있는
닭 뒷다리를 뜯는다

온몸의 세포 그대로와
모든 살 하나하나가
고동을 치는 느낌이다
이게 바로 살아 있는 기분
이 세상 최고의 순간이네

이렇게 좋은 걸
모든 의사 샘들은
왜 못 마시고 못 뜯게 할까

술을 끊고 채식해보렴
몇 달을 끊어 보았더니
우울증과 불안감이 밀려들어
항시 배가 고파 초조했다

채식 채식하지만
그래도 고기는 먹어야 하는 것
조금씩은 술 마시고 고기 먹고
채식도 하며 재미있게 살아야겠다.

땅에서 살거야

저 높은 하늘을 보라
바닥에서 비상하는 새들처럼
하늘만 바라보고
창공을 나는 새들이 부러워
부풀은 마음 두근거리네

너는 알까 우리네 마음을
너는 하늘로 나는 땅으로
땅을 밟고
삶에 쫓겨 사는 우리들

날은 다는 건 멋있고 재미있겠지
하지만 오래가진 않아
금방
내 고향 살던 땅 그리워 질 거야

저 높은 창공을 바라보고
상상의 나래를 펴보며
그냥 땅에서 살아갈 거야
날아라 새들은 푸른 하늘을
뛰어라 우리는 이 세상 끝까지.

울지마 빈손의 젊음이여

울지 마라
세상의 약자들이여
강자들은 울지 않는 돼

방황하는 자여
선택의 갈림길에서
일단 저지르고 봐

머뭇거리지 말고
지금 생각해도 늦지 않아
일단 부딪치고 시작해봐

아무리 어렵고
힘이 들어도
너만 지치지 않으면 돼

그 순간의 선택이
인간의 숙명을
바꿔 놓는 것이란다.

마음의 나침반

인　쇄: 초판인쇄 2013년 12월 20일
인　쇄: 초판인쇄 2014년 01월 20일
지은이: 곽병수
펴낸이: 윤기영
편　집: 정설연
펴낸곳: 노트북
등　록: 제 305-2012-000048호
본　사: 서울시 동대문구 사가정로 256-4호 나동 B101호
전　화: 070-8887-8233 팩시밀리 02-844-5756
이메일: hdpoem55@hanmail.net

정 가: 10.000원
ISBN: 978-89-92687-44-7-03810

한국 현대시[韓國 現代詩]

811.7-KDC5
895.715-DDC21　CIP2013024529